À

Une histoire écrite par

Marie-Hélène Jarry

et illustrée par

Leanne Franson

Pour Adèle, demoiselle descendue du ciel, avec tes joies par milliers.

M.-H. J.

À Carol et à tous ses rats.

L. F.

cheval masqué

Catalogage avant publication de Bibliothèque et Archives nationales du Québec et Bibliothèque et Archives Canada

Jarry, Marie-Hélène

À la recherche du tikami

(Cheval masqué. Au galop)
Pour enfants de 6 à 10 ans.

ISBN 978-2-89579-257-4

I. Franson, Leanne. II. Titre. III. Collection: Cheval masqué. Au galop.

PS8569.A69A82 2009 jC843'.54 C2009-940987-9
PS9569.A69A82 2009

Nous reconnaissons l'aide financière du gouvernement du Canada par l'entremise du Programme d'aide au développement de l'industrie de l'édition (PADIÉ) pour nos activités d'édition.

Conseil des Arts du Canada Canada Council for the Arts

Bayard Canada Livres inc. remercie le Conseil des Arts du Canada du soutien accordé à son programme d'édition dans le cadre du Programme des subventions globales aux éditeurs.

Cet ouvrage a été publié avec le soutien de la SODEC.
Gouvernement du Québec – Programme de crédit d'impôt pour l'édition de livres – Gestion SODEC.

Dépôts légaux – 3e trimestre 2009
Bibliothèque et Archives nationales du Québec
Bibliothèque et Archives Canada

Direction : Andrée-Anne Gratton
Graphisme : Janou-Ève LeGuerrier
Révision : Sophie Sainte-Marie

4475, rue Frontenac
Montréal (Québec) H2H 2S2 Canada
Téléphone : 514 844-2111 ou 1 866 844-2111
Télécopieur : 514 278-0072
Courriel : edition@bayardcanada.com
Site Internet : www.bayardlivres.ca

Imprimé au Canada

Chapitre 1

PRESQUE MUET

Je suis championne de planche à roulettes. Enfin… la championne de ma ruelle, en attendant de pouvoir m'entraîner avec les grands, au parc. Sur mon parcours, je dois contourner onze nids-de-poule et sauter deux dos d'âne, sans m'arrêter! Les chats trop curieux n'ont qu'à se pousser.

Aujourd'hui, après avoir dit au revoir à mon rat Raoul, je me lance dans la ruelle.

Juste après le premier dos d'âne et le cinquième nid-de-poule, je suis obligée de freiner. Un petit garçon est planté au milieu du chemin, en face du jardin de madame Kouri. Il semble tellement occupé

à contempler ses pieds qu'il ne m'a pas entendue venir. Je ne l'ai jamais vu, celui-là… Pourtant, je connais tous les voisins.

— Salut !

Aucune réaction. Serait-il sourd ? Soudain, sans relever la tête, il jette un coup d'œil à travers ses bouclettes. J'en profite :

— Comment tu t'appelles ?

Il se remet aussitôt à fixer ses souliers. Bon, je n'ai pas de temps à perdre. Je remonte sur ma planche. Mais en passant à côté de la tignasse frisée, j'entends un marmonnement : Tikami.

Tikami, drôle de nom…

À ce moment, madame Kouri fait son apparition. Elle va peut-être pouvoir m'éclairer.

— Hé ! Madame Kouri, c'est qui, lui ? Il s'appelle vraiment Tikami ?

Madame Kouri sourit :

— Mais non, cé garçon, il s'appelle Baba. C'est mon pétit-néveu.

— Il n'est pas très bavard ! Le chat lui a mangé la langue ?

— Non, il réfuse tout simplement dé parler. Jé t'explique. Lé pauvre pétit, il vient d'arriver ici, après un long voyage. Il vivait très loin, dans lé pays dé mes ancêtres. Puis la guerre a éclaté et il s'est enfui juste avant qué les bombes commencent à tomber.

Je m'inquiète pour Baba :

— Il est venu ici tout seul ?

Madame Kouri soupire :

— Non, il a fait lé voyage avec une cousine à moi. Ils ont réussi à s'échapper, quand les avions pouvaient encore décoller dé cé pays. En arrivant, la cousine m'a démandé dé garder lé pétit chez moi.

— Et les parents de Baba, où sont-ils?

Madame Kouri soupire de nouveau:

— Ils ont eu moins dé chance, eux. Ils n'ont pas réussi à prendre l'avion. Ils ont dû rester là-bas en attendant qué la situation sé calme. Dépuis, on est sans nouvelles d'eux.

Des bombes qui éclatent, des maisons qui s'écroulent, des gens qui s'enfuient: j'ai vu tout ça à la télé. Quand je pense que Baba, lui, était là pour de vrai! Mais ce n'est pas encore clair:

— Peut-être que Baba ne dit rien parce qu'il ne parle pas français…

Madame Kouri m'interrompt :

— Il parle français, comme toi et moi. J'ai tout essayé… rien né sort dé sa bouche, à part cé mot, « tikami ».

— Qu'est-ce que ça signifie ?

— Ah ! jé donnerais cher pour lé savoir. Jé connais plusieurs langues, sauf qué cé mot, jé né l'ai jamais entendu.

Je réfléchis. Baba reste silencieux depuis qu'il est chez madame Kouri. Ce mot qu'il marmonne tout le temps, « tikami », est-ce que ce serait... Eh oui ! Qu'est-ce que les enfants veulent par-dessus tout quand ils sont loin de leurs parents et qu'ils sont tristes ? Leur jouet ou leur toutou préféré, bien sûr ! Il suffit de trouver un tikami et Baba redeviendra joyeux. Peut-être aussi qu'il se remettra à parler ! Mais comment trouver quand on ne sait pas ce qu'on cherche ?

Ce n'est pas ce petit détail qui va m'arrêter. Me voilà repartie sur ma planche !

Chapitre 2

DUR D'OREILLE

S'il y a une personne qui peut me dire ce qu'est un tikami, c'est monsieur Lemonde. Dans son magasin, on peut acheter tous les jeux, poupées et bricoles qui existent. C'est le plus beau des magasins, avec le plus beau des noms : Le Monde s'amuse ! En trois minutes, j'y suis.

— Avez-vous ça, Monsieur Lemonde, des tikamis ?

— Des tsunamis ? Non, on ne vend pas ça ici.

Monsieur Lemonde est un peu dur d'oreille. Il est aussi vieux que son magasin. Et son magasin, « il est vieux comme le monde », dit mon père quand il a le goût de blaguer.

Je répète donc :

— Non, pas des *tsunamis*, des *tikamis*. C'est une sorte de jouet ou de jeu, je ne sais pas exactement.

Monsieur Lemonde baisse ses lunettes.

— Ta description n'est pas bien précise. Je n'ai jamais entendu parler d'un jouet appelé tikami. C'est pour un cadeau ?

— Non, c'est pour madame Kouri. Enfin, plutôt pour Baba.

— Et qui est Baba ?

— C'est un petit garçon qui ne parle plus depuis qu'il a perdu temporairement ses parents.

Monsieur Lemonde a l'air étonné :

— Mais comment peut-on perdre temporairement ses parents ?

Je répète ce que madame Kouri m'a raconté. Quand je lui explique que les parents de Baba sont encore dans leur pays, avec la guerre, monsieur Lemonde fronce les sourcils.

— Et le tikami ? demande-t-il.

— Eh bien ! en plus d'être seul ici, Baba a aussi perdu son tikami. Je crois que ça le rend encore plus triste, tellement triste qu'il ne veut même plus parler.

Monsieur Lemonde relève ses lunettes :

— Ah! j'y vois plus clair... Regardons ce qu'on peut faire.

Il sort son immense catalogue. Pendant un instant, monsieur Lemonde disparaît dans un nuage de poussière. Avec son doigt, il parcourt la liste alphabétique des millions de jouets à commander. Sous les «T», pas de tikami.

— Désolé. Mes fournisseurs n'ont pas ce genre d'article. Es-tu sûre qu'il s'agit d'un jouet ?

— Euh… presque !

— Je te conseillerais plutôt d'aller voir mes amis, Rami et Ronny. Ils ont la boutique Merveillorama, pas loin d'ici. On y trouve des milliers d'objets rares, qui viennent de partout dans le monde. Ils pourront sûrement t'aider.

Chapitre 3
Au Merveillorama

Et hop! je repars sur mes roulettes. Je connais le Merveillorama de l'extérieur seulement… Je n'avais jamais osé y entrer.

Rami et Ronny se ressemblent comme des jumeaux, mais ce n'est qu'une illusion, m'a expliqué monsieur Lemonde: ils sont même nés dans deux pays différents.

Quand j'entre, un des hommes est occupé à l'ordinateur qui trône sur le comptoir, et l'autre déballe des boîtes au fond du magasin. Je m'approche du premier.

— Bonjour, Monsieur Rami ou Ronny. Votre ami, monsieur Lemonde, m'a dit que vous vendez toutes sortes d'objets rares.

— Ah bon ? En passant, moi, c'est Ronny. Qu'est-ce que tu cherches, au juste ?

— Un tikami.

— Je suis désolé, je n'en ai plus.

Je pense : « Enfin quelqu'un qui sait ce qu'est un tikami ! » Mais Ronny ajoute :

— D'ailleurs, qu'est-ce que tu voudrais faire avec un tatami ? C'est la première fois qu'une fille de ton âge me demande un tapis japonais.

C'était trop beau pour être vrai… Je rectifie :

— Pas un *tatami*, Monsieur Ronny, un *tikami*.

L'autre faux jumeau, Rami, s'approche :

— Tu cherches un p'tit tapis ?

Décidément, ils ne pensent qu'aux tapis, ces deux-là !

— Non, non, un *tikami*. C'est pour Baba, le petit-neveu de madame Kouri. Il est triste parce qu'il a perdu son tikami, en plus d'être loin de ses parents.

Les faux jumeaux se regardent :

— Ah ?

Je n'ai pas envie de répéter toute l'histoire, alors je résume :

— C'est compliqué, il y a eu la guerre dans le pays de Baba. Je vous raconterai une autre fois... Pour l'instant, je veux absolument trouver un tikami pour redonner à Baba le goût de parler.

Rami a l'air perplexe:

— On voudrait bien t'aider mais, avant, explique-nous ce qu'est un tikami.

— Justement, c'est le problème! Personne ne sait ce que c'est: ni madame Kouri, ni moi, ni même monsieur Lemonde.

Ronny se gratte la tête :

— Bon, on peut regarder si nos fournisseurs n'ont pas quelque chose de ce nom.

Ronny se réinstalle à l'ordinateur. Des listes de compagnies du monde entier apparaissent, et des millions d'articles à commander défilent, mais rien qui s'appelle «tikami». Il secoue la tête.

— On dirait bien que les tikamis ne courent pas les rues! Je te conseille de t'informer davantage auprès de Baba.

— Je voudrais bien, sauf qu'il ne parle pas!

Rami intervient, le doigt levé:

— J'ai une idée: l'hypnose! Tu devrais essayer cette bonne vieille technique. Dans

un de mes voyages, j'ai vu un spectacle où un magicien hypnotisait une femme. Il lui parlait doucement en la regardant droit dans les yeux jusqu'à ce qu'elle tombe endormie. Alors il réussissait à la faire parler, parler...

Ah là là! Il exagère, monsieur Rami. L'hypnose, et puis quoi encore!

Je remercie quand même les faux jumeaux et je file sur ma planche. Il ne me reste qu'à reprendre mes recherches. Peut-être qu'en observant attentivement Baba je découvrirai un indice...

Chapitre 4

DES RIRES ET DES PLEURS

Le lendemain matin, je suis prête à passer à l'action. Comme d'habitude, avant de partir, je dis au revoir à mon rat Raoul en lui caressant la tête. Je murmure à son oreille :

— Souhaite-moi bonne chance !

Dans la ruelle, pas de Baba en vue. Je regarde entre les planches de la clôture. Baba est assis sur les marches de la galerie, les mains dans les poches. Il examine l'herbe devant ses pieds.

Je pousse la porte du jardin et m'approche de Baba en essayant de ne pas l'effaroucher. Il lève les yeux, mais les baisse aussitôt et disparaît sous ses frisettes. Par la fenêtre de la cuisine, je vois madame Kouri. Elle fait « non » de la tête, puis hausse les sourcils. J'en déduis qu'il n'y a rien de neuf et qu'elle commence à se décourager.

— Salut, Baba !

Pas de réponse. Je m'assois sur une chaise et j'observe. Au bout de dix minutes, je ne

suis pas plus avancée. Aucun indice en vue. Comment découvrir ce qui lui manque tant ? D'où je suis, j'entends Baba marmonner et je crois bien distinguer le mot « tikami ».

L'idée de monsieur Rami me revient à l'esprit : hypnotiser Baba. J'ai déjà vu une séance d'hypnose dans un film. Peut-être que ce n'est pas si compliqué. Je n'ai rien à perdre, j'essaie.

— Baba, mon beau Baba, regarde-moi bien dans les yeux.

Derrière la tignasse frisée, une paire d'yeux me fixe soudainement, puis encore une fois disparaît. Je vais devoir m'y prendre autrement.

— Baba, mon beau Baba, écoute-moi bien. Je vais compter jusqu'à trois et, à trois, tu tomberas dans un sommeil profond. Alors tu feras tout ce que je te dirai. Je commence : un… deux…

À trois, j'entends de petits sons qui sortent de sous les bouclettes, puis des « Ha ! ha ! » et des « Hi ! hi ! » de plus en plus forts. Ensuite, ses épaules se mettent à monter et à descendre. Je dois interrompre la séance d'hypnose pour cause de rire.

Tout à coup, les « Ha ! ha ! » et les « Hi ! hi ! » se transforment en « Heu ! heu ! ». Ce ne sont plus des rires que j'entends, mais des sanglots. Baba pleure, maintenant.

Il sort les mains de ses poches pour s'essuyer les yeux. Oups ! un papier s'échappe de sa poche droite. Avec ses yeux tout embrouillés, Baba n'a rien vu. Il se lève et se dirige vers la porte.

C'est ma chance ! Je me précipite sur le bout de papier. Une photo ! Je ne pouvais rêver d'une meilleure piste. Sur cette photo, on voit Baba tout petit, entouré de deux adultes, sûrement son père et sa mère. D'une main, il tient un animal en peluche et, de l'autre, un camion-remorque miniature. J'ai compris ! Le tikami était tout simplement

un camion, un *p'tit cami... on*! Il ne me reste qu'à en trouver un semblable, et Baba sera enfin moins triste. Un jeu d'enfant!

À ce moment, madame Kouri apparaît sur le balcon, l'air excité.

— Jé viens juste dé voir quelqué chose à la télé. Ils ont montré lé pays où sé trouvent les parents dé Baba. Des gens prénaient un bateau pour s'enfuir dé là.

— Et les parents de Baba étaient sur le bateau ?

— Jé n'ai pas pu voir, il y avait trop dé monde ! Il faudra encore attendre un peu.

— Moi aussi, Madame Kouri, j'ai de bonnes nouvelles ! J'ai résolu l'énigme du tikami. Bientôt, j'en aurai même un pour Baba !

Chapitre 5

UN TOUR DE CAMION

Quinze minutes plus tard, je suis de retour dans le jardin, un camion en main. Je n'ai pas eu besoin de courir partout en ville. Dans ma grande collection de camions miniatures, il y en avait un pareil, ou presque.

Baba est de nouveau dehors. Il est assis sur la chaise de madame Kouri, le dos tourné à l'entrée. Parfait, l'effet de surprise sera total.

Je m'approche à pas de loup. Lorsque je ne suis plus qu'à un mètre de Baba, je saute devant lui, en brandissant le camion-remorque.

— Broum-broum, qui est là ? C'est ton tikami, enfin revenu de son long voyage ! Ton camion qui a fait des kilomètres et des kilomètres, et qui a traversé plein de pays pour te retrouver ! Regarde comme il est content. Broum-broum-brrrrrroooum. Brrrrrrooooooum !

Les sourcils de Baba prennent la forme d'un accent circonflexe. Puis sa bouche s'entrouvre. Mais au lieu des mots que j'espérais entendre, c'est un éclat de rire qui en sort.

Sans me décourager, je continue mon manège : le camion monte et descend sur des chemins imaginaires, devant les yeux de Baba. À chaque nouveau broum-broum, le rire recommence de plus belle.

Mon numéro de camion acrobatique n'a pas donné les résultats que j'espérais. Je m'arrête donc et tente ma chance :

— Alors, Baba, as-tu reconnu ton tikami ?

Mais Baba reste silencieux. Son rire s'est arrêté sec, et des larmes se mettent à couler sur ses joues.

Avec mon camion, je suis dans l'impasse. Je repars en douce.

Chapitre 6

À L'AIDE, RAOUL !

Cinq jours ont passé. Cinq jours d'école à me creuser la tête. Le p'tit camion de la photo n'était donc pas le tikami. La photo m'avait pourtant fourni un bon indice! Maintenant, je suis en panne d'idées.

Assise sur mon lit, je réfléchis très fort. En face de moi, Raoul me regarde, l'air de vouloir se distraire. J'ouvre le dessus de sa cage et je le prends.

— Qu'en dis-tu, toi, Raoul ? C'est quoi, à ton avis, un tikami ?

Comme chaque fois que je lui demande conseil, Raoul s'agite un peu plus. J'ai l'impression qu'il le devine quand je suis préoccupée. Mais j'y pense... peut-être que Baba aurait envie de parler à Raoul? Peut-être même qu'il lui parlerait de son tikami? Je soulève mon rat dans les airs:

— Hein, Raoul, aimerais-tu être le confident de Baba?

Voilà, c'est décidé: en attendant de trouver le tikami, je vais amener Raoul à Baba.

— Agrippe-toi, mon Raoul, tu pars en balade!

Quand j'arrive dans le jardin de madame Kouri, je vois, à travers la fenêtre de la cuisine, un homme et une femme que je ne connais pas. Je m'approche, ma cage à la main.

L'homme gesticule en parlant avec madame Kouri. La femme tient Baba par la main. Je frappe. Ils n'entendent pas: j'entre. Le silence se fait instantanément. Tout ce beau monde me regarde, comme si je venais de la planète Mars...

Chapitre 7

UN TIKAMI ET BIEN PLUS !

Baba se précipite sur moi, enfin... plutôt sur la cage de Raoul, en criant :

— Tikami !

La femme et l'homme répètent :

— Tikami ?

Et madame Kouri s'exclame :

— Ah ! jé vois !

Moi, je ne suis pas sûre de comprendre… Qu'est-ce qu'ils ont à tant s'intéresser à Raoul ? Et pourquoi ces deux personnes disent-elles aussi « tikami » ?

À moins que… Je tire la photo restée dans ma poche. Oh ! les deux adultes qui entourent Baba sur la photo sont… les deux personnes juste en face de moi ! Les parents de Baba, enfin retrouvés !

La mère se tourne vers moi :

— Est-ce qu'il s'appelle aussi Tikami, ton rat ?

Ça me prend quelques secondes, puis tout s'éclaire ! Sur la photo, le tikami, ce n'était pas le camion, c'était l'animal : un animal en vie, et non en peluche ! Et un rat en plus ! Dire que, tout ce temps, je cherchais un jouet…

Avant que Raoul change de nom pour de bon, je m'empresse de corriger :

— Non, lui, il s'appelle Raoul.

Baba a le nez collé sur les barreaux de la cage et il dévisage Raoul. Sa mère l'entoure de son bras :

— N'est-cé pas, Baba, qué cé Raoul est lé portrait tout craché dé ton Tikami ?

Baba ne répond pas. Il baisse la tête. On jurerait qu'un nuage gris passe au-dessus de lui.

Sa mère essaie de le consoler.

— Jé sais, Baba, tu voudrais bien révoir ton rat à toi. Tu comprends, il était impossible dé l'emméner avec nous : les rats né sont pas admis sur les bateaux. Né t'inquiète pas, nous lé récupérérons un jour, ton Tikami.

C'est une bonne nouvelle. Si elle parle de récupérer Tikami, c'est qu'il est encore vivant. À moins que... avec ces bombes et tout...

J'attire le père de Baba à l'écart :

— Est-ce que c'est vrai que vous avez réussi à sauver le rat de Baba ?

— Mais oui. Et puis, avant dé partir, nous l'avons confié à une personne digne dé confiance...

Baba a entendu la réponse de son père. Il a presque retrouvé son sourire. Il me regarde. Pour la première fois, des mots, et même des phrases, sortent de sa bouche :

— Hé ! il est où, lé beau camion ? Célui qui fait des bruits bizarres et qui a traversé plein dé pays pour mé rétrouver...

— Chez moi, pourquoi ?

Baba répond d'un air gêné :

— C'est qué jé l'aimais, cé tikami-là.

Je serre Baba dans mes bras :

— Pas de problème, tu l'auras, ce tikami-là. Et plein d'autres si tu veux !

Alors Baba me chuchote :

— Jé voudrais té démander une autre chose… Comment tu t'appelles ?

— Babette. Babette, la championne de planche à roulettes !

FIN

Voici les livres AU GALOP de la collection :

- [x] **À la recherche du tikami**
de Marie-Hélène Jarry et Leanne Franson
- [ ] **Au voleur !**
de Nadine Poirier et Leanne Franson
- [ ] **La princesse Pop Corn**
de Katia Canciani et Benoît Laverdière
- [ ] **Le secret de mamie**
d'Émilie Rivard et Pascal Girard
- [ ] **Les sœurs Latulipe**
de Caroline Merola
- [ ] **L'île du dieu Canard**
de Johanne Gagné et Caroline Merola
- [ ] **Lili Pucette aux Jeux d'été des chiens**
- [ ] **Lili Pucette fait la révolution**
d'Alain Ulysse Tremblay et Rémy Simard
- [ ] **Prisonniers des glaces**
de Paule Brière et Caroline Merola
- [ ] **Thomas Leduc a disparu !**
d'Alain M. Bergeron et Paul Roux

- [ ] **Ti-Pouce et Gros-Louis**
de Michel Lavigne
- [ ] **Un sorcier chez les sorcières**
d'Andrée-Anne Gratton et Gérard Frischeteau

Lesquels as-tu lus ? ☑